Patricio León C.

Rapsodia
para luna y cuerdas

Relatos poéticos de luz nocturna

@Rapsodia para luna y cuerdas

Autor: **Patricio León C.**
Corrección de estilo: **Olga Agustín**
Diseño y Diagramación: **Lissa V. Pérez Gómez, MsC**
Ilustraciones: **Miguel Lendor "Papachín"**
Publicado por: **Producciones León**

Derechos reservados conforme a la ley ISBN: 978-9945-80-827-8

Impreso en Santo Domingo

Santo Domingo, Distrito Nacional, Noviembre 2021

Rapsodia para luna y cuerdas

Relatos poéticos de luz nocturna

Patricio León C.

Índice

Patricio León
@PatricioLeonC

Actor dramático, músico, narrador, poeta
y educador.

Es un apasionado del arte, la educación en ciencias y la educación infantil.

Posee certificaciones en **Neurociencias Aplicadas a la Educación** para la primera infancia por el Instituto de Neuropsicología RD, 2015; **Pedagogía Teatral** por el Teatro Nacional Eduardo Brito, Ministerio de Cultura, 2014, y **Liderazgo** por la Escuela Dale Carnegie, 2015.

Tiene dos licenciaturas, la primera en **Comunicación Social** y la segunda en **Pedagogía**, ambas de la Universidad Autónoma de Santo Domingo, y una maestría en **Gerencia Corporativa** en UNAPEC.

Desde el Ministerio de Educación de la República Dominicana ha dirigido, participado y acompañado programas y proyectos de **Educación en Ciencias**, **Educación Infantil** y **Educación en Valores**.

De sus producciones independientes destacan: Libro **Compendio de Comunicación Moderna**, 2011;

Documental educativo y cinematográfico **"Teatrografía Dominicana"**, 2015; producción audiovisual **Colección Clásica de Lectura de Literatura Universal**, 2017; la **Guía de Evaluación Técnica Pedagógica de Literatura Infantil y Juvenil**, 2019; el libro de literatura infantil y juvenil acompañado de guías neuroeducativas **"¿Qué pasó en Vennet?"**, 2020 y el libro **"El juego: reflexiones dialogadas de un neuroeducador"**, 2021.

Como actor dramático, los clásicos son su especialidad. Patricio León ha interpretado personajes icónicos de obras tales como: **"Esperando a Godot"** de Samuel Beckett, **"La Casa de Bernarda Alba"** de Federico García Lorca, **"El túnel"** de Ernesto Sábato, **"El Barril de Amontillado"** de Edgar Allan Poe, **"El Cepillo de Dientes"** de Jorge Díaz y **"La Autopsia"** de Enrique Buenaventura, entre otros contemporáneos.

Impresiones sobre
Rapsodia para luna y cuerdas

Tal vez sólo Patricio León Cruz, en quien confluyen al mismo tiempo narrador, músico, poeta y actor, podía escribir Rapsodia para luna y cuerdas. Relatos poéticos de luz nocturna. Es un texto cuyo título prefigura la amalgama de procedimientos y efectos inspirados en la épica, el teatro y la música, desde los grandes poemas de Homero hasta nuestros días, y que en el siglo XIX se hicieron muy populares durante el romanticismo musical, con las rapsodias de Franz Liszt (1811-1886) y las danzas húngaras de Johannes Brahms (1833-1897), dos de sus más altos exponentes, en las que predominan los contrastes temáticos y la libertad formal.

Dividida en dieciséis fragmentos, relatos o escenas, esta breve obra de León se centra en la ruptura de una pareja de amantes innominados y sin género explícito, arrastrados por el vendaval de la pasión y el deseo, que tienen a la luna como única espectadora y cómplice, y la presencia de un gato que sirve de testigo a las pulsiones de un amor que se deshace sin remedio en el desencuentro de los cuerpos abrasados por el fuego de los sexos. En conjunto, la obra es un grito desgarrado de un individuo solitario, orgulloso, dominado por su propio ego ante la pérdida y el abandono de quien llenaba sus días. Y del otro lado, silencio y vacío como única respuesta.

Con una prosa fluida de intención poética, en la que ocasionalmente se desliza una referencia intertextual («la paloma equivocada de Alberti», dice en «Oculta confesión»), la obra de León va proclamando en cada subtítulo los arrebatos de una relación condenada a un distanciamiento que parecería irreconciliable. Pero también testimonia la índole carnal y transgresora de un erotismo arrollador. En «Subversión lunar», leemos: «No culpes a mis ojos, son súbditos; se van detrás de tu sexo, y no… no me avergüenzan. Es una inefable atracción.»

En un libro clave sobre el tema, La llama doble. Amor y erotismo (1994), Octavio Paz (1914-1998) escribió que el erotismo es «ante todo y sobre todo sed de otredad», en tanto que el amor «es una atracción hacia una persona única: a un cuerpo y a un alma. El amor es elección;

el erotismo, aceptación». En el libro de León, según las evidencias que ofrecen sus propias palabras, la balanza entre amor y erotismo se inclina al segundo, sobrecargada por el peso abrumador del deseo, en una deificación absoluta del cuerpo y sus pulsiones sensoriales.

Todo el libro está impregnado de un tono sentimental conmovedor que golpea con la fuerza de un ritornelo desesperado. Es, en suma, un viaje iniciático a los engañosos laberintos del desamor, en textos dolientes que el propio autor, joven artista de versátil talento, sin duda retomará para transitar nuevos caminos.

José Alcántara Almánzar

Nuestro gato y los vecinos

Primera Cuerda

El maullido de nuestro gato dice tu nombre clarito. Le he preguntado a los vecinos si entienden lo que dice, pero ellos -que no saben amar, extrañar y desear con frenesí- me responden que no y que si yo lo entiendo es porque estoy loco... ¡Pero si los locos son ellos! ¡Dice tu nombre clarito! ¿Yo, loco? Sí, también; mas no por el mismo trastorno: el de ellos es la incapacidad de reconocer el amor; y el mío, el drama cómico de un amor que no está más.

¡Sí, estoy loco! Pero no más que el gato. Lo noto en su mirada perdida y lejana en el tiempo y el espacio. Yo estoy más «normalmente» loco; por ejemplo, estoy loco, pero por amarrarme a tu cuerpo.

¿Pero el gato? ¡Uff! El gato no come y duerme en el pórtico; pero no duerme, deambula. Hace guardia aguardando una entrada que ya no será más, y se lo he dicho mil veces... No obstante, él aguarda aferrado a la esperanza más fuerte que jamás haya visto. A mí me da una pena tremenda verlo así, y por eso he decidido esperar con él; la diferencia es que yo sí sé que no vendrás más. ¿Notas la diferencia? Al menos yo soy consciente, ¿pero el gato? no lo sé.

Un dolor crónico nos conecta a mí y a nuestro gato, y nace del mismo nudo. Solo que creo que él no ha entendido que tienes otro amor y que hay que darte tu espacio y dejarte vivir tu momento, por aquello de respetar tu felicidad. ¿Pero cómo puede tu miserable felicidad provocar esta tristeza tan profunda en nuestro gato?

A veces sospecho, y sobre esto ya tengo hipótesis anotadas, que el gato grita tu nombre, porque cree que no hago nada por llamarte. Él intuye que te extraño, y toma el toro por los cuernos, y te llama... pero se equivoca, no sabe que mis gritos son más fuertes que sus maullidos y que mi búsqueda no se limita a esperarte en el pórtico.

No logro comprender cómo los vecinos no entienden que el gato dice tu nombre clarito, ¡si es tan evidente! Como cuando el café sube, que esparce ipso facto su aroma y todos son capaces de identificarlo. No tienen idea de lo que es amar, extrañar y desear con frenesí.

Cada día, nuestro gato y yo nos parecemos más. Ha de ser porque nos hemos vuelto inseparables, aun cuando yo sé que él sabe que yo no lo quería aquí (en casa) y que me opuse rotundamente hasta que me convenciste: me aplicaste una llave que me obligó a dar el «sí» en una noche loca; una trampa que me tendiste mientras jugábamos con las colinas de nuestros cuerpos.

Esta madrugada, mientras la luna era exiliada por el sol, le prometí a nuestro gato que nunca tendría que aprender otro nombre y que prefiero maullar tu nombre con él, en el pórtico, cada noche, aunque los vecinos no nos entiendan.

Oculta confesión

Segunda Cuerda

Quiero confesarte que te quiero.

Soy testigo del aura que llevas y sé que nadie más que yo la ve. Si supieras mi capacidad de verla, volarías hacia mí.

Pero vas en dirección contraria, como la paloma equivocada de Alberti; y yo, aquí, domando mis anhelos y la tristeza de no tenerte, mandándote señales desde mi corazón, que son fuertes, aunque no llegan a ti.

¿Cómo es que alteras, sin saberlo, el concilio de mis sueños? Me gustaría que lo supieras sin tener que confesártelo.

Sé ocultar mi emoción al verte, ya que encuentra expresión en el exilio de tu presencia, lugar de mi eterna infancia.

Yo quisiera ser, por lo menos, la colilla que desecha estúpidamente tu cigarrillo; al menos eso me daría la satisfacción de haber pasado por tu boca.

Déjame al menos observarte. Soy bueno
observando. Te observo de manera escueta, sin un
indicio que delate mis ganas de frotar tus labios con
los míos; quieto, socavando el remolino que alborota
mi sistema nervioso, ocultando mi amor por ti.

Pero el sol sale y lo muestra todo, y me resulta
imposible que no sepas que te amo aun cuando no
te lo he confesado.

Epifanía
lunar

Tercera Cuerda

Estoy especialmente triste. No sé por qué.

Solo sé que quiero llorar hasta arrancar de fondo
toda la tristeza que cargo, pero estoy especialmente
incapacitado para llorar. No sé por qué.

Solo sé que quisiera expresar todo lo que siento,
pero estoy especialmente inexpresivo. No sé por
qué.

Solo sé que quisiera danzar con la música
más melancólica y triste que existe, pero estoy
especialmente autocensurado para danzar.

Ya sé lo que me pasa. La luna lo ha hecho de nuevo:
es que estoy especialmente…

Irrupción lunar

Cuarta Cuerda

Hoy me levanté de buen humor, tarareando
una parte de la melodía de una canción, que
hacía tiempo no pasaba por mí, y silbando la
otra; haciendo mecánicamente deberes de la
cotidianidad, como organizar la ropa lavada,
limpiar el piso… hasta que me topé con una tarea
que no me acomoda: hacer la cama.

Y, aunque no me gusta nada, la empecé a hacer sin
mayor queja; busqué, mientras silbaba, las puntas
de la sábana y me perdí. Estaba especialmente
desarreglada, más de lo usual. Todo cambió.
Aquella parsimonia con que me recibió el sol
y el soplo apacible de tranquilidad ya no me
acompañaba; había algo extraño en mi cama, y
saberlo me paralizó.

Examiné lentamente todas las marcas y arrugas
que había en el cuerpo extraño y concluí: alguien,
además de mí, estuvo anoche en mi cama. ¿Habrás
sido tú? ¡Por supuesto que habías sido tú! ¿Quién
más si no? Pero prefiero darte el beneficio de la
duda.

¿Volviste? ¡R-E-S-P-Ó-N-D-E-M-E! ¿No te ha bastado mi orden de alejamiento, firmada y sellada por tu corazón? Ya me estaba acostumbrando a mi rutina sin ti. ¡Vamos! ¡R-E-S-P-Ó-N-D-E-M-E!.

¿Y si es solo mi mente que me hace una treta y no has estado aquí? Yo solo recuerdo un sueño profundo y reparador. A ver, examinemos los hechos:

1. Huelo la cama como un perro que busca su droga, y sí: huele a ti; a esa mezcla inconfundible y fascinante; a campos de lavanda y cedros. ¡Ah! Esa es una evidencia viciada que bien podría ser refutada ante cualquier estrado. Además, duré mucho tiempo llevando conmigo tu olor, percibiéndolo hasta en los lugares más nauseabundos, y tú no estabas.

2. Miro de manera sospechosa e inquisidora las marcas y arrugas que pautan las sábanas y aún yacen sobre la cama, y sí: son los mismos surcos e indicios que dejábamos cuando jugamos a ser uno, pero esa evidencia también carece de verosimilitud.

3.   Mejor te llamo para preguntar sobre tu
     coartada. Por supuesto, debí comenzar por
     ahí. Siempre es bueno tener un culpable
     confeso, eso resuelve el caso sin mayor
     contratiempo. Pero no puedo, te juré que
     mis dedos jamás marcarían tu número y ¡yo
     sí soy una persona de palabra! Este caso lo
     resuelvo sin tu ayuda, como he hecho todo
     hasta ahora desde el día en que no me visitas
     más.

4.   Por último, reviso, con miedo, mi ropa,
     buscando indicios, de esos que podrían
     confirmar el final de aquellos juegos, y sí:
     los hay. Sin embargo, eso tampoco prueba
     tu pasada por mi cama; bien pude haber
     jugado contigo, pero sin ti, y sin darme
     cuenta…

¿Volviste? ¡R-E-S-P-Ó-N-D-E-M-E! ¿No te ha
bastado con la mudanza de mis sentimientos,
con mi cambio de dirección y con mi barrera
reforzada -que es doble como en el parché-?
¡Vamos! ¡R-E-S-P-Ó-N-D-E-M-E!

Es más, ¡no me respondas! Ahora que me detengo
a pensarlo, he obviado la primera y más irrefutable
de las pruebas: el silbido, ese apaciguador que me
acompañaba al amanecer -ahora ausente-, me ha
dado la respuesta que andaba buscando. ¡Horror!
¡No hemos progresado! Has estado aquí. No ha sido
una invención de mi mente.

Siento rabia porque violentas no solo mi mente
y espíritu, sino que, vienes en complicidad con la
Luna y Morfeo para que yo no pueda defenderme,
y sí, es violencia, me abusas, pues no tienes mi
permiso, como siempre, como aquellas maravillosas
noches de otoño robadas.

Increíble, otra vez has estado aquí. ¡Otra vez! No
tengo energías para cambiar las sábanas, ni hacer la
cama.

Quiero volver a silbar por las mañanas, no importa
si tengo que arreglar la cama. Desbloquea con
tus besos las dobles barreras, aunque me ganes
como siempre en el parché, rompe la orden de
alejamiento, que yo solo quiero volver a silbar por
las mañanas.

Ladrones

Quinta Cuerda

La otra persona me roba el privilegio de contemplarte soñando, y yo le robo tu aliento y tus suspiros más profundos.

Hoy, igual que ayer, no solo quiero que estés en mi noche, que está bien ¡y cómo lo disfruto! También quiero que despidamos lentamente a la luna y saludemos juntos al sol.

¡Con lo bien que estábamos sin conocernos! Yo tan ocupado esperando conocerte, y tú en tu vida permitida... una farsa, pero permitida.

No quiero que callemos nuestro amor. Quiero que, de alguna forma, inventemos una fórmula que nos permita estar juntos: por las noches, por las mañanas, con la lluvia, con el alba, con la gente y sin la gente; pero juntos.

No quiero estar sin ti. Quiero robarte para mí.

Como
un animal

Sexta Cuerda

Soy como un animal que lame sus heridas a solas,
sin ser visto.

Esta noche te vas, mi bien. Ya lo anunciaste
hace una semana, y tus acciones de anoche se lo
restriegan a mi corazón orgulloso y herido. ¿Y yo?
Como si nada; frío, siguiendo mi agenda de hoy.

Desde temprano, en la mañana, ocupado en el
quehacer. He hecho el desayuno para los dos, como
todos los días; nada especial. El desayuno más
ordinario que pude pensar; todo bien puesto y en
su lugar, sin variar nada para que notes que mi vida
continua de lo más normal.

En el baño, a puerta cerrada, ensayo mi sonrisa, la
de siempre, ni más ni menos intensa; no me visto
de rojo ni de negro, sino de azul. ¿Los saludos?
los justos, los de siempre, para que los vecinos,
conocidos y compañeros de trabajo no noten lo roto
que estoy con el anuncio de tu partida, que ya es
conocida por todos.

El día transcurre lentamente, con una vorágine
que me intranquiliza por dentro, esperando que lo
esperado no llegue. Y llega la noche.

Llego a casa, la nuestra; y ahí estas. Ya empacaste
todo lo tuyo y hasta has tenido la no solicitada
amabilidad de esperar para decirme «adiós». Tus
ojos, e inclusive tu cuerpo, me gritan que no quieres
irte... que quieres que te lo impida. Nos miramos de
frente.

¿Y yo? Aquí: inmóvil, impávido, firme; con mirada
desafiante y aparentemente tranquilo.

Espero que en este tiempo juntos hayas aprendido
a leerme, porque si lees mis ojos y mi cara
notarás que reflejan mi ego, mi orgullo y mi
actitud inquebrantable de "aquí no pasa nada",
y terminarás yéndote más rápido aún; pues en
mí, mi bien, mis ojos no son el reflejo de mi alma,
se necesita escarbar más para descifrarme. Sin
embargo, si me lees a profundidad, con el corazón,
y cavas hasta toparte de frente con mi espíritu, verás
que me doblego, que te pido perdón e imploro que
te quedes. Tómate unos segundos, mi bien, para
leerme, porque si eliges la primera lectura será
nuestro fin... mi fin.

Aparecen tus lágrimas y quisiera probarlas,
lamerlas hasta secarlas. ¿Y las mías? Bien se
ocultan, no aparecerán. Están todas contenidas,
para al poner los tres seguros de la puerta,
seguido de tu partida; al cerrar las cortinas;
y al apagar las luces, hundirme en un llanto
insonoro, pero profundo... tan profundo como
todas las ideas que quiero compartirte justo
ahora que decides partir.

¡La segunda lectura, mi bien! ¡Mi bello amor!
¡Mi único amor! La segunda lectura. Confío en
que no eres una persona básica, que solo ve lo
que es evidente. Evítame este terrible dolor y
concédeme la felicidad de seguir a tu lado.

¡La segunda, por favor! ¡La segunda! Porque
si eliges la primera, me quebrantarás para
siempre y no lo sabrás. Será cuando ya te hayas
ido, que llegue la noche, y con esta la luna,
que ha sido testigo de nuestro amor, que pueda
consolarme y abrir a todo vapor los grifos de mi
alma.

Y saldrán insípidas lágrimas, que ya vienen
anunciándome su llegada, y no brotarán desde
mis ojos. Bien me conoces, mi bien, y sabes
que son profundas; vienen desde mi espíritu,
donde espero que hayas podido cavar y leer que
necesito que te quedes y perdones este ego -que
solo tú puedes perdonar-.

Eso sí: si cruzas esa puerta, es para siempre.
¡Te lo juro! Yo no soy un hombre de medias
tintas. Para estas cuestiones, soy como un animal
rencoroso. No conozco la palabra reversa. Cruza
esa puerta y… esa puerta es ahora mismo lo
único que podría salvarnos.

Si decides quedarte, te juro que la punta de mi
lengua emprenderá un viaje; andaré descalzo y
con el pelo suelto por tus santuarios, llevando
mi mensaje. Quédate, mi bien. ¡Quedémonos!
Guardémonos para nosotros. Perdonemos y
reconstruyamos la confianza y este amor, que
aún vive y que esa puerta malintencionada
amenaza con censurar.

Pero si aún persistes con irte, ¡vete ya! Termina de irte, sin vaivenes. Porque ya se asoman ellas a mis ojos, las que quieren romper las delgadas y obstruidas tuberías que conectan mi alma con mi razón. Vete o quédate, que ya se acercan.

¡Corre, mi bien! Que soy como un animal herido que lame sus heridas, pero a solas, sin ser visto. ¡Corre mi bien! Que vienen subiendo, como un volcán indetenible a punto de erupcionar, que ya no lo para ni siquiera tu quedada.

Corre, mi bien; corre, ¡que quema!

No quiero

Séptima Cuerda

Ya no quiero que mis primeros pensamientos
sean para vos; es más, me lo reprocho. Mas no
sé cómo darle órdenes a mi mente, que es más
tuya que mía, pero indómita se rehúsa a intentar
olvidarte.

Me molesto porque asumo que no me piensas
en ningún momento del día. No tiene que ser al
despertar, con que sea cuando el café caliente toque
tus labios o el vino resucite tu boca, me conformo.

Y digo que asumo que no me piensas nunca,
porque, si por lo menos lo hicieras, rompería
la barrera que he puesto con la luna en las
madrugadas. ¡Anda! No tienes que decirme que
me piensas, con una pista o una señal bastaría para
seguir fabricando, en un mundo ideal y paralelo,
momentos solo de los dos.

Te juro que ordeno a todas mis células no pensarte
y, entonces, una esperanza débil, pero inquisidora,
me dice que a lo mejor lo haces; y decidir no
pensarte solo haría más grande la fisura entre
nosotros.

¡Anda! Al menos una pista...

La carta

Octava Cuerda

Necesitabas un contexto para explicarte y, como no lo encontraste, escapaste... dejando solo una carta de despedida.

Mas no es una carta, es un puñal vilmente afilado por una gran piedra revestida de veneno.

La luna ha viajado y no pude romper tu carta de despedida, preferí aprenderme cada letra y memorizarla por completo.

En las madrugadas me pican los ojos. Los saco a pasear para que se calmen, pero una presencia pesada e inquietante, pegada a mí, tira de ellos.

Yo, tan Penélope; y tú y la luna, tan don Juan.

Hay días que saco la carta de la casa y la meto en el buzón, como si no hubiese llegado a mí, e imagino que no te has ido. Invoco recuerdos que regresan el tiempo y te traen a mí.

Y otra vez empieza a anochecer y una hilera
de deseos se multiplica; a mí me produce cierto
malestar no tener el placer de hacerlos realidad.
Tengo un pozo lleno de deseos y todos tienen que
ver contigo.

No quiero otro toque, no quiero otro cuerpo.
Cierren puertas. Apaguen luces. Me he quedado
solo y seco. Las cremas más hidratantes hacen
grietas en mi piel ácida, árida y sola.

Mientras los demás viven, yo me quedo herido en
una agonía que no encuentra punto final.

Quiero volver a bailar contigo, pero no es bailar lo
que me interesa, es que sea contigo.

Vuelve, que yo te vuelvo a perdonar.

Subversión lunar

Novena Cuerda

No culpes a mis ojos, son súbditos; se van
detrás de tu sexo, y no... no me avergüenzan.
Es una inefable atracción.

Cada vez te imagino más cerca, como si entre
mi sexo y el tuyo hubiese un imán dominado
por mi mente. Ese lugar tan prolijo y complejo
que te seduce hacia mí, sin tú saberlo.

No culpes a mis ojos, son súbditos; se van
detrás de ti, cuando das la vuelta, enfocando
esa parte que sospecho con certeza me
acomoda y ansío tener.

Tengo una urgencia de bordear tu cintura; de
apretarte y pegar mi sexo al tuyo, en un saludo
que solo sería la entrada para dar paso a una
partitura que tengo en mi cabeza y no podría
ejecutar con nadie más, porque está en mi
cabeza. Y lo que hay en mi cabeza, solo yo lo
sé; y, en esta exclusiva ocasión, estoy dispuesto
a compartirlo contigo.

No culpes a mis ojos, son súbditos; ellos solo
quieren conducirte hacia mí para, cuando
llegues a la esquina del pasillo oscuro, aparecer
sorpresivamente. Allí, acorralarte detrás de la
mampara morada, sin que puedas escapar; y
tantear, con intención, tus instrumentos, en el
claroscuro de la esquina.

Y sí, sé de sobra que tienes las fuerzas para escapar
y no lo haces…

Inicio las primeras notas que indica la partitura
y tú simulas no querer ejecutar la primera voz,
que está escrita exclusivamente para ti; rehúyes
y entonces frustro tu huida. Vuelvo a sonar las
primeras notas, y vuelves a rehuir. Y yo vuelvo a
repetir la introducción, y entonces parece que entras
en mi mente y te apoderas de la partitura que he
compuesto; y comienzas a ejecutar la primera voz,
de la manera más sublime y más perfecta que el
compositor puede imaginar.

La partitura marcha de manera ágil. Tus entradas
y acentos se convierten en los más álgidos de la
interpretación.

Paseamos de compás a compás. Y lleno mi
boca de los sabores de tu cuerpo; mis oídos, de
tu respiración; y mi mente, de tu ser.Nuestros
corazones palpitan bellamente disonantes con
crescendos y diminuendos; y tu sexo es todo mío,
y el mío juega en tu paraíso... ese que desde el
principio no se podía apartar de mis ojos.

Noto -con extrañeza- que aceleras el paso de una
nota a otra, de un compás a otro. No respetas los
silencios que están marcados en la partitura. Corres.
Las blancas las conviertes en negras; las negras, en
corcheas; las corcheas, en semicorcheas... Y yo, que
soy el compositor, sé que se acerca el final inevitable
de mi composición, esa que ya has alterado con
tus allegros y vivace. Te acercas a los staccato y,
cuando casi llegamos al inminente último compás,
¡retaguardia! ¡da capo!

No quiero desencajar mi sexo del tuyo, ese lugar
sagrado donde se está tan cómodo. Aplico un
adagio, pero vuelves al allegro, indomable esta vez.
Aparecen antes de lo previsto los redoblantes del
ya inevitable final, y aplico mi último recurso: un
ritardando y un calderón; y, entonces, solo entonces,
la música acaba.

Nos alejábamos en direcciones opuestas y solo yo
volví el rostro buscando tu sexo, que iba ya muy
lejos. La mampara morada y esta esquina nunca
más será lo mismo: testigos silenciosos de nuestra
interpretación.

¿Se puede estar triste y feliz a la vez? Estoy triste,
pero puedo morir ahora mismo. Mi cuerpo sabe a
ti. Te cogí, fui feliz.

¿Ahora entiendes que mis ojos no fueron los
culpables?

Pulsión lunar

Décima Cuerda

Días grises, monocromáticos, sin altas ni bajas; y, después, sin avisar, aquel fortuito, fugaz y difuso encuentro. Entonces, volví a creer, soñar y esperar.

Se renovaron mis esperanzas y, animado por el silencio de mis miedos y entusiasmado por tu llegada, dancé celebrando tu venida.

Anoche, anoche te volví a pensar y me hundí en mí mismo. Me entró «un no sé qué», una especie de tristeza insondable, porque no llegas; un corrientazo, como si avinagraran mi cuerpo; una urgencia de que por fin vengas y llenes mis huecos oscuros.

Mi corazón misterioso tiene pasadizos cerrados, esperando que vengas tú, con tu magia, y desvanezcas altos muros.

Te espero. Las razones escritas están en mi corazón, con un alfabeto legible solo para mí; pues no quiero que nadie sospeche que te espero desde hace un largo tiempo, hasta que llegues, lo sepa con seguridad y entonces pueda gritar que te esperaba.

Escena Interrumpida

Décima Primera Cuerda

Siento rabia al saber que yo te pienso e inmediatamente aparece en el proscenio centro tu pareja, como si estuviera escondida en una pata del escenario; atenta a mis pensamientos, para hacer entrada y arruinarme la escena.

Y, cuando le mando a salir, hace obedientemente mutis por el foro, pero te lleva de brazos. Entonces, la presentación sin ti carece de sentido.

Y el regidor grita: «¡Tiren telón!».

Cómplices

Décima Segunda Cuerda

La luna indigna tiene un juego, y es conmigo.
Cuando salgo a enfrentarla se esconde entre las
sábanas, se escabulle burlona de mi soledad.

Sé que estoy despierto, pero tengo miedo de abrir
los ojos y darme cuenta de que no estás, de que te
has ido, de que ha sido un sueño... el recurrente,
pero un sueño.

Volvió a amanecer sin ti. La luna me lo ha hecho de
nuevo: te llevó consigo.

¿Y no se supone que al despertar las pesadillas
se desvanecen y se ve con claridad? No veo con
claridad. No sigues aquí.

Estoy despierto, con miedo de abrir los ojos y de
darme cuenta de que la luna tampoco está.

¿No deberían tener las pesadillas un momento dulce
para apreciar el horror que hay en ellas? Sabes, por
eso del yin y el yan.

Si abro los ojos, para ver la mañana, chocaría
de frente con una atroz realidad: he perdido
doblemente. Lástima que no soy un dios para haber
detenido el tiempo y evitar la huida.

El brillante sustituto me dijo que ustedes iban
juntos; abrazados como cómplices íntimos, siempre
juntos.

No debí ceder ante los encantos seductores de la
luna, ¡me volvió a jugar sucio! De haberlo sabido a
tiempo, hubiese amarrado el pico de la luna; tu pie
y mi corazón, de la pata de la cama.

Me rehúso a abrir los ojos y a enfrentar una
realidad, que es ajena; una verdad, que tampoco
es mía; y una soledad, que quiero sea interrumpida
por el hechizo de la luna y tu retorno.

Le he suplicado al sustituto que se marche.
«¡Mándame la luna!», le dije apretando los ojos.

Estoy seguro de que nos volveremos a encontrar, la
luna te traerá a mí.

Volverás a mí, yo sé que volverás.

Tríptico

Décima Tercera Cuerda

Tengo mucho tiempo sin saber de la luna. Una noche, después de tu partida, sonó el teléfono y era ella; era la última vez que me hablaba y me reprochaba que te ignorara.

Le contaste, a propósito, las palabras que te propiné en nuestro último encuentro; esas hirientes palabras que provocaron tu estupor y perplejidad absoluta; esas hirientes palabras que no puedo ya volver hacia adentro.

No quise hablar de esas palabras con la luna, pero ella insistía; me las martillaba. Me decía una y otra vez:

—¡No debiste decirle esas palabras! Ahora estás pagando el precio de tu libre expresión.

—¡Lo sé! ¡Lo sé! ¿No crees acaso que lo sé? —le pregunté con rabia—. Y no te atrevas a responder. No me las recuerdes más; las tengo pegadas en mi memoria, como un sucio que no se va, que está ahí para siempre. No consigo respirar sin volverlas a pasar cada noche por mi corazón.

La mandé a volar, ella colgó y se produjo un largo silencio que, hasta hoy, me hace ruido.

Han pasado tres años del suceso y ninguno de los tres se ha atrevido a retornar sobre sus palabras.

Recuerdo la primera vez que conecté con la luna. Fue una noche de otoño. La vi como nunca antes, llena de música. Mis pupilas inmóviles danzaban. La complicidad era tanta que una voz preocupada, pero muy sabia me advirtió: «¡Cuidado! ¡Deslumbra!».

No advertí, hasta mucho después, que su hermosura era peligrosa; y que, después de aquel encuentro, yo no sería el mismo nunca más.

Comprendí el amor, de una vez y para siempre... y lo esperé.

Pasaron años hasta que una corriente de aire, que no era propia de esa estación del año, acompañada de dulces melodías, apareció; y con ella, tú.

Te conocí, y volví a conectar con aquella luna
de otoño; entonces, comprendí lo que estaba
pasando.

Hoy todo se ve tan sepia... carente de ti... solo
me queda la nostalgia del pasado; y un presente
ciego, ausente de música y futuro.

Estoy en el infierno. Conocí a la luna y probé tu
cuerpo: el único paraíso que existe, ¡yo estuve
ahí!

Al menos, regrésame la luna. Mi enemistad
es contigo, no con ella; y, de paso, cuando la
traigas, abrázame si puedes.

¿Es que acaso no lo ves? ¿No te das cuenta de
que la luna tiene escritas nuestras iniciales? Y
que, sin ella, no puedo conciliar el sueño.

Venga la luna, para volver a soñarte como
cada noche; y, entonces, llegues, me beses y te
escapes... si es que puedes.

Deicidio lunar

Décima Cuarta Cuerda

A.– ¡Auxilio!

B.– ¡Shh!

A.– ¡Auxilio!

B.– ¡Shh!

A.– ¡Auxilio!

B.– ¡Shh!

A.– ¡Auxilio! Es que…

B.– No es seguro.

A.– Pero me prometiste…

B.– Aún no.

A.– Pude verlo.

B.– ¿Claro?

A.– Más claro que antes.

B.– Pero no lo suficiente.

A.– Me asomé

B.– ¿Y lo viste?

A.– Sí, lo vi.

B.– ¿Me lo aseguras? ¿Se puede?

B.– ¡Auxilio!

A.– ¡Shh!

B.– ¡Auxilio!

A.– ¡Shh!

B.– ¡Auxilio!

A.– ¡Shh!

Domesticado

Décima Quinta Cuerda

Llevaba mucho tiempo sintiéndome como un extraño en compañía de los tuyos. No encajo. Y, si me sigo forzando en encajar en tu mundo, lo que es imposible porque mi naturaleza me exime, atrofiaré mi esencia y ya no seré yo; y, sobre todas las cosas, quiero ser yo, aunque sea por un instante. ¿Tarde? No lo sé, quiero descubrirlo por mí mismo.

Con los tuyos me aniquilé; y, ahora que mis ojos comienzan a nacer, prefiero perder todo lo que no es mío. Mis alas están atrofiadas, ya lo sé, pero tengo mis pies dispuestos e inquietos para llegar hasta donde pueda, sin ti y los tuyos.

Sí, puedo morir en el camino y no me importa. Ya estoy tan muerto, como un rehén condenado a muerte que ha perdido las esperanzas de ser rescatado.

Hace unos días vi un caballo negro azabache... hermoso. Con singular elegancia, me vio y se echó a galopear con firmeza, seguro de lo que hacía, perseguía a la luna. Yo le seguí con la mirada hasta donde fue posible, y se perdió; sentí que me rescataba y me indicaba el camino.

No sé si llegue tan lejos como el caballo o si
pueda perderme con la luna, para buscarme y
encontrarme de frente, desnudo junto a ella; pues la
fractura interna que me aqueja, me limita. Mis alas
no abren y mis piernas cansadas no responden a mis
mandatos, se moverán únicamente con el aliento de
mi corazón.

Estoy cansado y equivocadamente domesticado,
pero mi corazón está nuevecito y sin vida. Le
preguntaré a la luna si servirá de algo proteger un
corazón sin espinas, ni cicatrices.

¿Dolerá? No lo sé. Pero prefiero el dolor a que mi
corazón, nuevecito y sin vida, muera sin saber la
respuesta de la luna.

Aquí estoy, luna, aún respiro.

Naturaleza Castrante

Décima Sexta Cuerda

Te veo, aún desde la lejanía. Mis ojos no siempre están conmigo; cuando quiero, se mueven con mi alma.

Yo también voy en contra de mi naturaleza. Me he atado para no romper todo a mi paso y arrastrarme a tu encuentro.

Somos anti natura; y nuestro ecosistema sufre, se debilita.

De mi parte, he intentado ahogar el dolor y estos sentimientos, que me enmudecen, y ha sido en vano; los he lanzado al aire, para que se los lleve el viento, pero ha sido inútil: regresan, me atormentan, caminan conmigo y sé que no se irán.

Te veo, aún desde la lejanía, y me pregunto: «¿Cómo lo llevarás tú?».

Si algún día, súbitamente te ataca un dolor punzante que te traspasa el alma y piensas que no puedes seguir sin mí, ni yo sin ti, aquí te regalo un decálogo para que esta vida pase rápido y desapercibida; y nuestra separación, impuesta y castrante, duela menos:

1. No le recites el poema aquel de Lope de Vega;

2. No pongan en pausa las películas, para psicoanalizar a los personajes;

3. Olvídate de llevarle rosas, en especial las amarillas;

4. Si habla mucho y te abruma con un palabrerío, no le calles con tus besos, como lo hacías conmigo, inventa otra estrategia;

5. No te atrevas a llenar sus incertidumbres existenciales, con tus lógicas certezas;

6. No le guiñes el ojo cuando te discuta, para desarmarle con esa sonrisa tan tuya, perfecta, que solo en tu rostro se puede ver;

7. Evita, a toda costa, pasar cerca de nuestros lugares de juego;

8. Si en algún momento coincidimos, no permitas que nuestras miradas se crucen, aunque el imán invisible sea más fuerte; vuelve la cabeza, con disimulo, hasta que yo pase;

9. No le cuentes a nadie lo nuestro, morían de
    envidia; no soportarían la grandeza de nuestro
    amor y tratarían de difamar y destruir nuestro
    recuerdo, guardémoslo para nosotros; y

10. Ora con fe, de ser posible de rodillas, para que
    nuestros pensamientos no se crucen y creen, con
    su fuerza indestructible: la forma de romper este
    decálogo y convertirlo en un anti decálogo; y
    de viabilizar que la luna vuelva a brillar, el río
    retome su curso caudaloso y al amanecer los
    pajarillos reanuden su trinar.

Amor, huye de nosotros. No intentes, bajo ninguna
circunstancia, aunque me pienses de lejos y
sucumbas, refutar este decálogo; pues solo si lo
llevas al pie de la letra, conseguirás, algún triste y
revolucionario día, no pensar en mí.

Por lo que a mí respecta, ese día nunca llegará.

OTROS TÍTULOS
de Patricio León

¿Qué pasó en Vennet?
Antología de cuentos infantiles y juveniles
con guía neurodidáctica.

**El juego: reflexiones dialogadas
de un artísta neuroeducador**
Una obra que aborda el juego
como estrategia por excelencia
para la educación formal y no formal,
a través del cual rompe paradigmas,
aporta estrategias y comparte su visión
sobre el quehacer educativo.

Compendio de Comunicación Moderna
Compilación de ensayos sobre comunicación,
globalización y sociedad.

Cada texto es una rapsodia, donde la música y el teatro actúan como representaciones del tiempo. Se trata de un breve libro imbuido de drama y lirismo, en una suerte de sinfonía, en la que la emoción batalla con cada historia contada. Son pues composiciones literarias escritas, por así decirlo, para cuerdas, para ser contadas y cantadas, al ritmo del fluir narrativo y del canto de los amantes.

En Patricio León, actor, y el músico se aúnan en una simbiosis inseparable e indisoluble, para brindarnos aquí un manojo de textos que brillan con luz propia por su talento e imaginación creativa. Me satisface leerlos en voz alta y disfrutarlos en silencio.

Carmen Heredia, crítico de arte.

Dividida en dieciséis fragmentos, relatos o escenas, esta breve obra de León se centra en la ruptura de una pareja de amantes innominados y sin género explícito, arrastrados por el vendaval de la pasión y el deseo, que tienen a la luna como única espectadora y cómplice, y la presencia de un gato que sirve de testigo a las pulsiones de un amor que se deshace sin remedio en el desencuentro de los cuerpos abrasados por el fuego de los sexos. En conjunto, la obra es un grito desgarrado. Todo el libro está impregnado de un tono sentimental conmovedor que golpea con la fuerza de un ritornelo desesperado.

José Alcántara Almánzar, crítico literario.

@soypatricioleon @patricioleonc

www.ingramcontent.com/pod-product-compliance
Lightning Source LLC
Chambersburg PA
CBHW070543160726
48003CB00005B/1850